GOD
IS NO
STRANGER

GOD
IS NO
STRANGER

Photography by Wally R. Turnbull
Translated by Eleanor J. Turnbull
Edited 1970 by Sandra L. Burdick
Edited 2000 by Elizabeth J. Turnbull

Baptist Haiti Mission - Rockford, Michigan

Standard Book Number:
ISBN 0-9679937-3-3

Tenth Printing, September 2000

Printed in the United States of America

PREFACE

Born and raised in the rural mountains of Haiti, I have seen many of the nation's stages. I lived through numerous hurricanes, coups, and an embargo. I grew up with the contrasts. Poverty living side by side with wealth; Christians next to those still bound in the slavery of Voodoo.

The child-like faith of the mountain people with whom I grew up is a beautiful paradox. So simple, so deep. As Christ commanded, they enter His kingdom as little children. Their faith is as deep as the ocean surrounding their land and as high as the mountains on which they live.

When Sandra Burdick visited, she too noticed this paradox. In the preface to the first edition of *God is No Stranger*, Burdick writes:

> "In 1968, my husband and I visited the home of Rev. Wallace and Eleanor Turnbull, missionaries in the mountains of Haiti. Eleanor loved to take us to the homes of their beloved mountain people. These Haitian Christians welcomed us into their meager huts and were eager to have prayer with us. As Eleanor translated their prayers, I was overwhelmed by the bond of love God has given to believers. Realizing the uniqueness of their expression, we planned to share them with you."

The first edition of *God is No Stranger* soon became a reality and was published in 1970. Eleanor Turnbull, my grandmother, visited homes and listened as the people prayed. She recorded and translated the prayers, soon building a collection. My father, Wally Turnbull, traveled through the mountains taking pictures of the people he met along the way. Their faith, joy, and strength are captured in the light of their eyes and smiles, and kept alive through the photos I know so well. Many of the pictures found in this book have hung in my house for as long as I can remember, and I never tire of seeing them. I trust that this new and enlarged edition of prayers and photographs will continue to bless its readers as the many previous editions have through the years.

Burdick writes, "I trust that Haitian believers will forgive us for this brief invasion of their spiritual privacy..." For as you read the prayers of the Haitian people, we hope that you too will see this beautiful light, understand the paradox, and realize that God is no stranger.

Elizabeth J. Turnbull

Soimeus

This edition is dedicated to Soimeus St. Juste, one of the most expressive of our Father's children.

Pastè Soimé as he is affectionately known to his mountain parishioners, is a self-learned and Holy Spirit tutored preacher. His prayers and sermons relate eternal truths and academically complex theological concepts in simple every-day terms. He knows that God is no Stranger.

Senyè,

Nou pa keyi mango
  sou pye zaboka
  e nou pa jwen mayi
  sou pye bannann.

Se nou ki fè sa nou ye.

Ede nou fè sa ke ou bezwen.

Lord,

We don't get mangos from
  an avocado tree
  and we don't get corn
  from the banana plant.

We produce what we are.

Help us to be
  what you need produced.

Senyè,

Ede nou pa atache ak batanklan.

Nou ka gen kat wòb jodi ya,
  men pètèt l'a gen yon jou
  ke nou pa gen ditou.

Ede n' atache nou a pawòl Bondye.

Lord,

Help us not connect ourselves to things,
  we may have four dresses today,
  but maybe there will be a time
  when we won't have any.

Help us to connect ourselves
  to God's Word.

Senyè,

Mèsi dèske ou ban nou non Kretyen.

Kounyeya, ban nou fòs pou nou pote'l.

Lord,

Thank you that You have
  given us the name Christian.

Now, give us strength to carry it.

Senyè,

Ede nou pou nou pa pale twòp
  paske pale twòp se menm jan
  ak kondwi twò vit.

Pafwa fren yo pa bon
  e nou pase kote nou te vle rete a.

Lè nou pale twòp,
  nou konnen ke nou depase la verite.

Lord,

Help us not to talk too much
  because talking too much
  is like driving too fast.

Sometimes the brakes are not good,
  and we pass by the place where
  we intended to stop.

When we talk too much,
  we know we go beyond the truth.

Senyè,

Nou vini nan mache ou a.

Nou konnen ke genyen anpil pwovizyon
nan mache'w la.

Nou pote panye nou avèk nou.

Kounyea nou vle sòti nan mache'w la
ak panye nou plen provizyon.

Lord,

We have come to your marketplace.

We know there are plenty of provisions
in your market.

We have brought our baskets with us.

Now we want to go back from your market
with our baskets full of provisions.

Senyè,

Menen nou nan dlo,
  menm jan madanm mwen te ale
  nan dlo yè.

Li wete rad li, li bat li ak batwa.

Li benyen kò l' nan dlo a.

Li seche rad li nan soley,
  li mete l' sou li e li vin jwen mwen lakay,
  tou pwòp.

Lord,

Take us to the creek,
  just as my wife went yesterday
  to the creek.

She took off her dress
  and beat it with a paddle.

She bathed herself in the water.

She dried her dress in the sun,
  put it on and came home to me,
  totally clean.

Papa,

Nou tout tankou ti zwazo
  ki grangou maten an.

Bouch kè nou louvri byen laj,
  ap tann ou plen nou.

Father,

We are all hungry baby birds
  this morning.

Our heart-mouths are gaping wide,
  waiting for you to fill us.

Senyè,

Pale ak kè nou
   pou lè nou tounen la kay,
   kè nou sa pale ak tèt nou
   e kontwole aksyon nou.

Lord,

Speak to our heart
   so when we are at home,
   our heart will speak to our head
   and control our actions.

Papa,

Li sanble ke yon van frèt angoudi nou.

Vlope nou nan lèn pawòl ou
  e chofe nou.

Father,

A cold wind seems to have chilled us.

Wrap us in the blanket of your Word
  and warm us up.

Nan Kris, nou se yon grenn mayi
ki andan yon boutey.

Satan vini tankou yon poul
e le li beke pou mayi a
men li pa janm pran'n.

In Christ, we are a grain of corn
in a clear bottle.

Satan comes like a chicken
and pecks for the corn,
but never reaches it.

Pafwa nou pa gen diferans
  ak ravèt e krikèt.

Yo pase bò Bib la.

Yo menm manje nan paj li yo,
  men yo pa fè sa li di.

Sometimes we're no different
  from the roach and the cricket.

They pass by the Bible.

They even eat at its pages,
  but they don't practice its teachings.

Senyè,

Ou pa asfalte wout lavi a
   men ou mete bare bò falèz yo.

Lord,

You don't asphalt the road of life,
   but you put guardrails along the cliffs.

Papa,

Maten an, paste a
  ap separe pawòl ou
  san kat.

Father,

This morning the preacher will
  distribute Your Word
  without ration cards.

Senyè,

Nou tankou madanm nan
  ke Madan Wallace te mennen
  nan sant sikiatrik la.

Madanm nan te pedi kèk fèy.

Nou-menm tou, nou pèdi kèk fèy.

Nou plen peche.

Se pou sa ke nou vin kote w'
  pou ou sa mete n' nan chemen an ankò.

Lord,

We are like the lady
  Madame Wallace took to the
  psychiatric center.

The lady had lost some pages
  from her book.

We, too, seem to have lost some pages.

We are full of sin.

So we come to you
  so you can put us back in the way.

Senyè,

Ala nou kontan
  se pa nou k'ap kenbe ou
  men se ou k'ap kenbe nou.

Lord,

How glad we are
  that we don't hold you,
  but that you hold us.

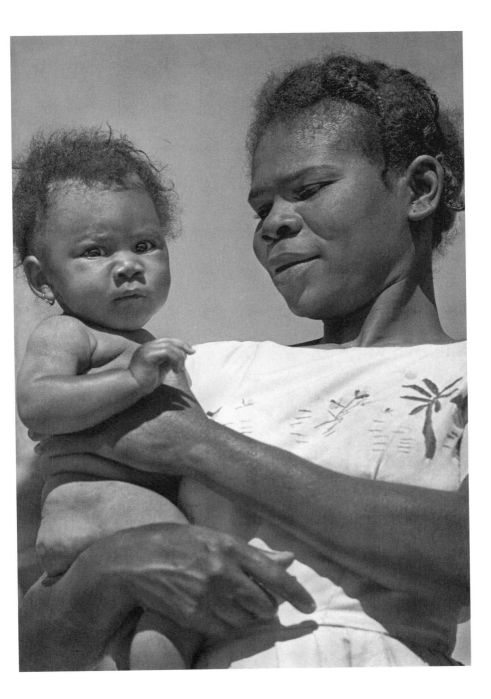

Senyè,

Tout la vi mwen,
  mwen te tankou yon raje;
  men lòt jou ou te rache m'
  e ou te plante m' nan jaden'w nan.

Mwen vin tounen yon flè.

Mwen jènn e mwen vle grandi e kiltive
  pou m' sa vin pi bèl toujou.

Lord,

All my life,
  I have been just a weed;
  but the other day you pulled me up
  and planted me in your garden.

I became a flower.

I am young and I want to grow
  and be cultivated
  so I can become more beautiful.

Jezi, frè nou,

Nou kouche sou vant devan'w,
  n'ap tann ou menm, ki gran frè nou,
  pou'w montre nou.

Pawòl ou tankou yon glas pou nou
  yon ben, ak poud, e pafen.

Ede n' donk pou nou sa leve
  ak yon twalèt frèch,
  pou n' ale pami lemonn semèn sa a.

Jesus, our brother,

We lie in front of you on our bellies
  as we wait for you as a big brother to
  teach us.

Your words are to us a mirror,
  a bath, a powdering, and perfuming.

Help us rise up with a fresh bath
  and go out among the world this week.

Senyè,

Gen yon gwo dyab ki rele Dekourajman.

Nou mande w' voye l' ale
  paske l'ap nwi nou.

Lord,

There is a big devil called Discouragement.

We ask you to send him away because
  he is bothering us.

Sentespri a se chèf nou.

Nou konnen ke se sèlman li menm
ki sonje chemen Jezi te fè a.

Donk, nou konnen se sèlman li menm
ki ka montre nou menm chemen sa a.

The Holy Spirit is our boss.

We know that he alone
remembers the route that Jesus walked.

So we know that only he can
show us the same way.

O Senyè,

Fè ou avè'm
  tankou kafeole.

Lè nou brase
  nou pa ka jan separe.

Oh Lord,

Make you and me
  like coffee with milk.

Mixed together
  we can never be separated.

Papa,

Se yon glas spesial
  ki pou fè n' wè si figi n' sal.

Pawòl ou se sa.

Father,

It takes a special kind of mirror
  to see if our faces are dirty.

Your Word is this.

Senyè,

Pa kite n' sanble ak kochon, pou nou ta
   fin benyen lè sa pou nou ta tounen
   nan labou.

Lord,

Don't let us be like the pigs,
   having been cleaned up
   to return to the dirt.

Senyè,

Nou sou rebò yon falèz
    k'ap vide akòz ewozyon.

Chak jou plis vide;
    nan monn sa a, nou sou tè glise.

Nou kanpe sou rebò
    yon falèz k'ap vide.

Di ki moun nou ye ak sa nou ye
    pa'p ban nou sekirite.

Pou sekirite, fòk nou monte pi wo.

Fòk nou poze pye nou sou tè fèm,
    pa sou rebò falèz lamou lajan ak
    renmen fanm.

Lord,

We are on the edge of the mountain
    which keeps caving in from erosion.

Day by day, more is caved away.

In the world, we are on slippery ground;
    we are standing on the edge
    of a caving-in mountain.

Speaking about who and what we are
    won't secure us.

For safety, we must step up
    to higher ground.

We must plant our feet on firm earth,
    not on the edge of the cliff
    of love of money or love of women.

Malgre nou manke yon rad
  pou ale legliz,
  nou manke manje lakay nou,
  e nou gen sèlman dis kob nan pòch nou,
  gras Jezi sifi.

Ak gras sa a, nou rich.

Although we lack a dress
  to wear to church,
  lack food at home,
  and have only two cents in our pockets,
  the grace of Jesus is enough.

With this grace, we are rich.

Senyè,

Ede nou simen bon semans,
  paske se nou menm
  ki pou manje rekòt la.

Lord,

Help us to sow good seed,
  since we will be the ones
  eating from the harvest.

Senyè,

Yon jou mwen wè yon madanm
  ki t'ap mouri.

Doktè a pran san nan bra yon lòt moun,
  li mete l' nan madanm nan e li viv.

Maten an nou mande w'
  fè sa pou nou
  men pa lese sansi peche
  sèche nou ankò.

Lord,

Once I saw a woman dying.

The doctor took the blood
  from another person's arm
  and put it in the lady, and she lived.

This morning,
  we ask you to do this for us,
  but don't let the leeches of sin
  suck us dry again.

Papa,

Yo di m' se malere.

Mèsi, Papa.

Fè'm pòv an espri tou,
  pou'm sa herite wayòm Bondye a.

Father,

They say that I am poor.

Thank you, Father.

May I also be poor in spirit,
  that I may inherit the Kingdom of God.

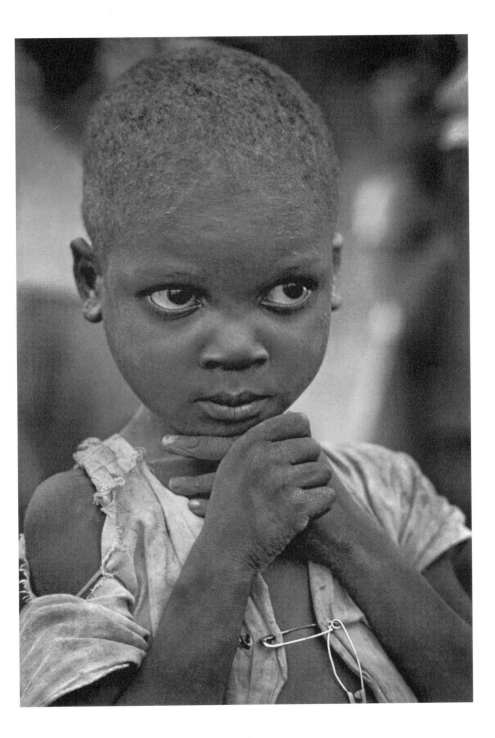

Senyè,

Mwen se yon abitan nan mòn.

Men mwen goche, yo gwo, yo lou.

Mwen pa konn kase tè ak nepe.

Vin montre m'.

Lord,

I am a mountain farmer.

My hands are clumsy, big and awkward.

I don't know how to hoe with a sword.

Now show me.

Senyè,

Nou remake ke pawòl ou
  tankou yon tèt chou.

Chak fèy nou kase,
  nou pi prè kè a.

Tout tan nou pi prè kè a
  li pi dous.

Lord,

We find your Word like a cabbage.

As we pull down the leaves,
  we get closer to the heart.

And as we get closer to the heart,
  it is sweeter.

Senyè,

Nou kanpe n'ap kalkile
  ki sa nou pral bay ti moun yo
  pou yo manje jodi a,
  olye nou kalkile
  sa ou fè pou nou.

Vwazen nou wè n'ap kalkile
  olye yo wè
  tout sa ou fè pou nou.

Lord,

We stand to calculate
  what we shall give the children
  to eat today
  instead of calculating
  what you have done for us.

Neighbors see us calculate,
  instead of seeing
  all you have done for us.

Senyè,

Sa nou te ye yè
 se pa sa nou ye jodi a.

Sa nou ye jodi a
 se pa sa nou te ye yè.

Tout sa ke nou te rayi se li nou renmen.

Tout sa nou te renmen, nou rayi kounyea.

Lord,

What we were yesterday
 is not what we are today.

What we are today
 is not what we were yesterday.

All we hated, we now love.

All we loved, we now hate.

Senyè,

Kè nou tankou yon depo
  pou tout zouti
  ke nou bezwen pou fè travay nou.

Bouch nou se pòt depo a.

Mete nan kè nou zouti lamou ak lagras.

Lord,

Our hearts are like a storeroom
  for all the tools needed to do our work.

Our mouths are the door to the storeroom.

Put in our hearts the tools of love and grace.

Senyè,

Fè misyonnè ou yo
  santi ke yo pi jèn chak jou
  pou yo bay pawòl ou.

Fè yo zele
  e kenbe yo tou jèn
  san rid nan nanm yo.

Malgre kò a mèt vye,
  cheve a mèt blanchi, po a plen rid,
  kenbe nanm yo san rid.

Lord,

May your missionaries
  feel younger each day
  to distribute your Word.

Give them zeal
  and keep them young
  and unwrinkled in their souls.

Although the body may get old,
  the hair white, the skin wrinkled,
  keep their souls unwrinkled.

Jezi,

Ou se garaj nou.

Ou ban nou yon lonbraj fre.

Fè nou dire pi lontan pou nou rann sèvis.

Se sèlman lè sa ke nou gen valè.

Jesus,

You are our garage.

You give us cool shade.

Make us last longer for service.

Only then do we have value.

Senyè,

Sèvitè'w la pa konnen
  gosh ak dwat.

Menm kounyea mwen pa konnen
  nan ki lès nan men ou yo mwen ye.

Ke'm nan men gosh la ou nan dwat la,
  sa pa fè anyen.

Mwen nan men pa'w.

Sa sifi.

Lord,

Your servant
  doesn't know left from right.

Even now I don't know
  which one of your hands I am in.

Whether I am in the left or the right,
  it doesn't matter.

I am in Your hands.

That's enough.

Senyè,

Tout moun se swa mayi ankè
   oubyen mayi pike.

Fè'm mayi ankè.

Lord,

Everyone is either whole corn
   or corn with weevil holes.

Make me whole corn.

Papa,

Mwen aprann ke yon moun ki fò
  nan kalkil, yo rele'l matematisyen.

Se ou ki pi gran matematiyen an
  paske ou kapab konte tout moun
  men ou wè nou chak.

Father,

I have learned that one strong
  in calculation is called a mathematician.

You are the greatest mathematician
  because you can count all the people
  yet still see each one of us.

Pwoblèm se yon bourik.

Eske n'ap monte'l ou eske l'ap monte nou?

Problem is a donkey.

Will we mount it or will it mount us?

Senyè,

Eske ou pa tande n'ap plenyen?

Poukisa?

Pou nou sa tande vwa ou.

Lord,

Don't you hear us complaining?

What for?

To hear Your voice.

Lavi san Jezi
   se yon machin a koud ki defile.

Ou pase men ou pa koud anyen.

Life without Jesus
   is a sewing machine come unthreaded.

You pass over but you sew nothing.

Senyè,

Nou konnen ke Satan gen anpil espri.

Jodi a nou mande
  Lespri ou genyen an;
  le Sentespri
  paske li pi fò pase tout pa Satan yo.

Lord,

We know Satan has many spirits.

Today we ask
  for the Spirit you have;
  the Holy Spirit,
  for he is stronger than Satan's many.

Senyè,

Soufrans se wou Potè a
  k'ap vire nou nan men Potè a
  ak karès lanmou.

Lord,

Suffering is the Potter's wheel
  which turns us in the Potter's hand
  of love and affection.

Pa mete chay traka ou yo
nan yon panye sou tèt ou.

Mete'l sou tèt Jezi.

Ou p'ap gen tèt fè mal.

Don't put your load of trouble
in a basket on your head.

Put it on Jesus' head.

You won't have headaches.

Moun bò lanmè
  tanmen bwè dlo lanmè.

Nou menm isit nam mòn
  nou pa menm gen dlo lanmè pou nou bwè.

Chè Senyè, voye lapli a.

The people on the coast
  are beginning to drink sea water.

We here in the mountains
  don't even have sea water to drink.

Dear Lord send the rain.

Pa di m' pa ka bay pitit mwen manje
ou mete'l lekòl.

Di mwen manke lafwa.

Don't say I can't feed my child
or put him in school.

Say I lack faith.

Gen yon zanj ki te aprann ekri
san ke l' pa't ale lekòl.

Li chita tout la jounen
l'ap ekri tout sa ke nou fè.

There is an angel who learned
to write without going to school.

He sits all day long
writing down all that we do.

Senyè,

Si n'ap viv jodi a
   malgre siklòn, grangou, ak maladi,
   nou dwe di,

"Mèsi, Senyè.
   Nou genlè la pou yon bi."

Lord,

If we are alive today in spite of
   hurricanes, hunger and sickness,
   we should say,

"Thank you, Lord.
   We must be here for a purpose."

Gran Doktè nou,

Pawòl ou tankou alkòl.

Lè l' tonbe sou maleng
 li boule e li fè mal,
  men se sèlman lè sa ke l' touye mikwòb.

Si li pa boule, le pa fè anyen.

Our Great Physician,

Your Word is like alcohol.

When poured on an infected wound,
 it burns and stings,
  but only then can it kill germs.

If it doesn't burn, it doesn't do any good.

Peche fèmante andan nou
e li fè nou sou egare.

Sin ferments in us
and makes us drunken fools.

Pèsòn pa kontinye eseye yon bagay
si li pa fè pwogrè.

Si ke Satan toujou tante nou,
se paske nou ba li yon
ankourajman.

No one keeps on trying something
if he never makes progress.

If Satan keeps tempting us,
it's because we give him some
encouragement.

Bondye ap fè nou pase mizè
  pou li ban nou leson.

Se sèlman yon moun sòt
  ki bezwen repete yon leson.

God is teaching us
  through difficulties.

Only a stupid person
  needs repeated instructions.

Senyè,

Mwen te tande yon nonm di
  "Mwen ba ou kè mwen."

Men maten an mwen santi ke
  mwen pa kapab ba ou sèlman kè m'.

Mwen ba ou tèt mwen tout antyè.

Lord,

I heard a man say,
  "I give you my heart."

But this morning I feel
  I cannot give only my heart.

I offer my whole self.

Menm si ou pa genyen
  menm yon tas dlo frèt,
  ou kapab di menm bagay
  ak moun ki gen vyann.

"Mesi Jezi, ou te fèt
  sou la tè pou mwen."

Yo pa ka di plis.

If you don't have
  even a cup of cold water,
  you can say the same thing
  as those who have meat.

"Thank you Jesus, you were
  born on earth for me."

They can't say more.

Senyè,

Mwen konnen ke jaden mwen
p'ap pouse ni donnen
si'm pa travay li e voye je sou li.

Donk, tanpri Senyè,
travay e voye je sou jaden kè mwen.

Mwen vle donnen pou ou.

Lord,

I know my garden doesn't
grow or produce
unless I work it and visit it.

So, please Lord,
work and visit the garden of my heart.

I want to produce for You.

Haiti shares with the Dominican Republic the mountainous island of Hispaniola, favorite landing place of Columbus on his first voyage to the new world. France replaced Spanish control in 1697, imported slaves from Africa, and turned the tropical island into a vast estate of sugar, coffee and cotton plantations. The slaves revolted and Haiti defeated Napoleon's troops to become the first Black Republic in the world, gaining independence by driving out the French in 1804.

The decades of self-rule since then have not been easy ones, especially for the rural Haitian. Today, he struggles for a different kind of independence and freedom, freedom from poverty, illiteracy, and lack of education, from malnutrition and disease, and freedom from the dark fear of the Voodoo religion.

In the midst of these needs, the Baptist Haiti Mission was founded in 1943 by John Turnbull. Soon after, his son Wallace and wife Eleanor took over the work along with Eleanor's mother, Bertha Holdeman. Wally Jr. returned in 1970 with his wife Betty to serve in the education and self-help ministries.

God has blessed those early efforts immensely. Over the years since the mission began, He has taken those small ministries and has developed them into programs with far-reaching and long-term benefits for the people of Haiti.

The ministries of the Baptist Haiti Mission are varied, yet closely linked, each working with the others for a common purpose. The commitment to help Haiti begins with the spiritual need of each individual, but it doesn't end there. Along with its spiritual ministry, the mission offers education, agricultural and medical assistance, and new opportunities for dependable livelihood.

Baptist Haiti Mission - 118 Courtland - Rockford MI 49341 USA
Tel: (616) 866-0111 - e-mail: bhmus@bhm.org - www.bhm.org

Wally Turnbull - Photographer

Turnbull received his BA in Psychology from Rockford College in 1970 and his MFA in photography from Ohio University in 1972. He was born and raised in Haiti where he resided until 1963 when he left to pursue his education. He returned to Haiti with his wife Betty in 1972 and has since worked in rural education and self-help with the Baptist Haiti Mission.

In 1978, Turnbull received a Diplôme de Citation from the Haitian Government Department of Education for his work in rural education. He also received an award of distinction from Rockford College in 1983 for his humanitarian work in Haiti. The couple has three children, all of whom were born and raised in Haiti.